Hobby & Freizeit

BLUMEN AUS SEIDE UND PAPIER

MOEWIG

Fotos und Ideen im Innenteil:
Susanne Hösl/Jürgen Carstensen (S. 6, 7, 8, 9, 10, 11, 12, 13)
Manfred Wigger (S. 14, 15, 58, 59, 61, 63, 64, 65, 66, 67, 69, 70, 71)
Knorr (S. 17, 19, 21, 23, 25, 27, 29, 31, 33, 35, 37, 39, 41, 43, 45, 47, 49, 51, 53, 55, 72, 73, 74, 75, 79, 81, 83, 85, 87, 89, 91, 93)
MEZ (S. 57)
Rayher (S. 77)

Originalausgabe

Text und Zusammenstellung: Ulrike Teiwes
Redaktion: Karola Kimmerle, Dr. Petra Gallmeister
Umschlagentwurf und -gestaltung: Network!, München
Umschlagfotos: Jochen Grün
Auslieferung in Österreich:
Pressegroßvertrieb Salzburg Gesellschaft m.b.H.,
Niederalm 300, A-5081 Anif
Printed in Portugal 1991
Druck und Bindung: Printer Portuguesa
ISBN 3-8118-8551-0

Inhalt

Vorwort

Sie brauchen kein Wasser und sehen trotzdem immer frisch aus, sie lassen nie den Kopf hängen, und man bekommt sie zu jeder Jahreszeit: die wunderschönen Illusionen aus Papier und Seide. Ob gesteckt, gebunden oder einfach nur aufgehängt – es gibt unendlich viele Möglichkeiten, die zarten Blüten effektvoll in Szene zu setzen. Und das Beste von allem ist: Sie können Kunstblumen nicht nur kaufen, sondern auch ohne große Probleme selber fertigen. Wie's geht, zeigen wir Ihnen in diesem Buch ganz genau. Erfreuen Sie sich an fröhlichen kleinen Blumenkindern, an reizvollen Seidenblüten sowie an traumhaften Gestecken für alle Gelegenheiten. Viel Spaß beim Blättern und Nachmachen!

Ein Rosenstrauß

Material:
Seiden- oder Transparentpapier in verschiedenen Farben (aus einem Bogen bekommt man 3 – 4 Blüten), Klebstoff, Blumendraht, Schere.

So wird's gemacht:
Schneiden Sie aus dem Seidenpapier drei Kreise mit einem Durchmesser von 11,9 und 7 cm zu. Danach schneiden Sie die einzelnen Kreise jeweils bis zum Mittelpunkt ein. Die offenen Enden legen Sie übereinander und kleben sie zusammen. Nun die entstandenen Tütchen der Größe nach ineinanderstecken; die kleinste Tüte liegt innen. Die Tütenenden zusammendrehen und mit Blumendraht umwickeln, dabei ein langes Drahtende als Blumenstiel nach unten führen. Zum Schluß binden Sie einen Blumenstrauß aus mehreren Rosen und Blattgrün zusammen.

Das Ausschneiden und Zusammenkleben der Rosenblüten ist gar nicht schwer. Zupfen Sie die einzelnen Kreise nach dem Binden noch ein wenig zurecht, damit sie nicht zu glatt aussehen.

Große Phantasieblumen

Material:
Für 1 Blüte je 1 Bogen graues, rotes und schwarzes Seidenpapier, 1 Din-A 4-Bogen blaugraues Tonpapier, Klebstoff, 1 Papierquadrat mit 12 x 12 cm, Zirkel, Bleistift, Schere, Blumendraht.

So wird's gemacht:
Bestimmen Sie den Mittelpunkt des Papierquadrates, und schlagen Sie von diesem aus einen Außenkreis mit 11 cm und einen Innenkreis mit 7,5 cm Radius. Das Papier zum Viertel falten und laut Zeichnung einschneiden. Die aufgefaltete Vorlage auf das Tonpapier übertragen und ausschneiden. Schneiden Sie das entstandene Außenblatt zwischen zwei Rundbogen bis zur Mitte ein, und kleben Sie die beiden Bogen beidseitig des Einschnitts übereinander (Foto links). Das Seidenpapier in etwa 7 x 7 cm große Quadrate schneiden. Zehn Papierquadrate übereinanderlegen und ein Blütenblatt laut Zeichnung ausschneiden. Jedes Blatt am unteren Ende zusammenfassen und in das Außenblatt kleben (Foto rechts). Die Blüte mit Blumendraht an Zweigen befestigen.

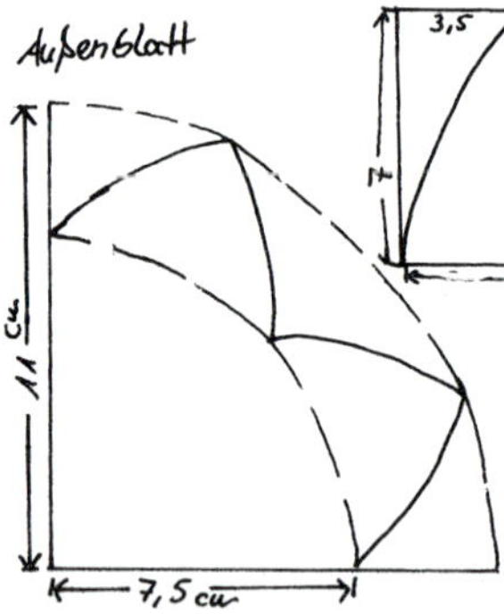

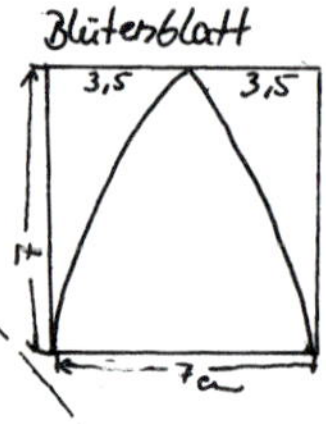

Blüten mit Fransen

Material:
Für 1 Blume 1 Holzgrillstäbchen, je 1 Bogen Seidenpapier in Grün und Pink, 1 Din-A 5-Bogen Tonpapier in Lila, Klebstoff, Schere.

So wird's gemacht:
Umwickeln Sie das Holzstäbchen mit einem 1 cm breiten Streifen grünem Seidenpapier (Foto 1).

Die Enden verkleben Sie gut. Aus dem lilafarbenen Tonpapier schneiden Sie vier Streifen, die 4 cm breit und 10 cm lang sind. Die Streifen der Länge nach falten und eine halbe Blattform ausschneiden. Dann wickeln Sie die Enden von drei Blättchen gleichmäßig verteilt um den Holzstab und kleben sie fest (Foto 2). Das vierte Blatt wird an der Spitze des Stabes festgeklebt. Aus dem Seidenpapier drei bis vier Rechtecke von 10 x 14 cm zuschneiden, parallel zur Längskante in Fransen schneiden (Foto 3) und mit der nicht gefransten Seite in ein Blütenblatt kleben.

Graue Calla

Material:
1 Holzgrillstäbchen, je 1 Bogen Seidenpapier in Grau und Grün, 1 Din-A 5-Bogen Tonpapier in Graublau, 1 Rolle gelbes Krepppapier, Klebstoff, Schere.

So wird's gemacht:
Zuerst den Holzstab mit einem 1 cm breiten Streifen grünem

Seidenpapier umwickeln; die Enden festkleben. Nun schneiden Sie aus dem grauen Seidenpapier ein 18 x 18 cm großes Quadrat aus und falten es zu einem Dreieck. Dieses Dreieck formen Sie zur Tüte (Foto 1). Kleben Sie die Tüte zusammen, und schneiden Sie sie zurecht. Anschließend stecken Sie den Holzstab in die Tüte und kleben ihn fest. Aus dem graublauen Tonpapier einen ca. 10 cm langen und 6 cm breiten Streifen schneiden, der Länge nach falten und eine Blattform ausschneiden (Foto 2). Dieses Blatt auseinanderfalten und an den Stiel kleben. Zum Schluß schneiden Sie einen etwa 0,5 cm breiten Streifen von der Krepprolle (Foto 3) und befestigen ihn in der Tüte.

Tempoblüten

Material:
Weiße Papiertaschentücher, Klarsicht-Klebestreifen, Schere.

So wird's gemacht:
Falten Sie das Papiertaschentuch auseinander, und schneiden Sie es halb durch. Diese Hälfte falten Sie anschließend in etwa 1 cm breite Ziehharmonikafalten auf. Den zusammengefalteten Streifen gut festhalten, damit er nicht wieder auseinanderfällt. Beschweren Sie ihn eventuell mit einem Teller oder Glas, während Sie den Klebestreifen abreißen. Dann den Klebestreifen mittig fest um das gefaltete Tuch wikkeln. Die beiden Seiten ein wenig hochbiegen. Zum Schluß ziehen sie die einzelnen Schichten des Papiertaschentuches auseinander. Gehen Sie dabei vorsichtig vor, sie reißen sonst leicht ein. Die fertigen Blüten können direkt auf ein Geschenk geklebt werden. Aber auch mit einem Drahtstiel versehen, machen Sie sich hübsch in Vasen oder Schalen.

Halten Sie die Papierziehharmonika gut fest, während Sie den Klebestreifen in der Mitte drumherum wickeln.

Ein Mohnhut

Material:
Manteldraht, Feinkrepp in Rot und Schwarz, Weißleim, Schere, 25 mm breites Adventsband in Rot, Zange.

So wird's gemacht:
Formen Sie die gewünschte Blätterform aus 50 bzw. 60 cm langen Manteldraht-Stücken;die inneren Blätter sind kleiner als die äußeren. Die Drahtenden drehen Sie mit einer Zange zusammen. Schneiden Sie die Blütenblätter quer zur Kreppapierrolle mit 2 cm Zugabe zu, indem Sie die Formen als Vorlage benutzen. Dann streichen Sie den Draht einseitig mit Weißleim ein, legen ihn auf den Papierzuschnitt, drücken ihn an und lassen ihn trocknen. Anschließend die Rückseite einstreichen und ebenso verfahren. Das überstehende Kreppapier knapp entlang der Kante abschneiden. Formen Sie die Blätter leicht rund, fassen Sie sie unten zu einer Blüte zusammen, und umwickeln Sie sie zum besseren Halt mit Draht. Aus dem schwarzen Kreppapier von der aufgedrehten Rolle 1 cm breite Streifen schneiden, leicht auseinanderziehen und in das Blumeninnere kleben. Zum Schluß befestigen Sie unter der Blüte zwei genügend lange Bindebänder. Den Hut eventuell zusätzlich mit Haarklemmen auf dem Kopf halten.

Die Margerite

Material:
Rundstab mit 6 mm Durchmesser, weißer Manteldraht, Blumendraht, Feinkrepp in Weiß, Gelb und Grün, Biedermeiermanschette, kleiner Schmetterling, kleine Käfer, 25 mm breites Schleifenband in Weiß, Schere, Zange, Klebstoff (Weißleim).

So wird's gemacht:
Zuerst formen Sie die spitzen Blätter aus dem weißen Manteldraht. Verwenden Sie für den Kopfschmuck jeweils 50 cm, für den Sonnenschirm jeweils 60 cm Draht. Die Enden mit einer Zange zusammendrehen. Dann schneiden Sie die weißen Blütenblätter quer zur Krepprolle mit 2 cm Zugabe aus. Benutzen Sie die Drahtform als Vorlage. Den Draht einseitig mit Weißleim einstreichen, auf den Papierzuschnitt legen, andrücken und trocknen lassen. Mit der Rückseite ebenso verfahren. Überstehendes Kreppapier schneiden Sie entlang der Kante ab. Nun formen Sie aus dem gelben Kreppapier Rosetten mit einem Durchmesser von 9 cm. Für den Schirm legen Sie dabei den vorher mit grünem Krepp umwickelten Holzstab mit in diese Rosette ein. Die Blütenblätter werden mit Draht rund um die Rosette befestigt. Biegen Sie alle Drahtenden gut um, damit später nichts stechen kann. Zum Schluß schneiden Sie die Kelchblätter aus und kleben diese nach Foto an. Beim Hut befestigen Sie das weiße Schleifenband zum Binden, und kleben von unten eine Biedermeiermanschette auf. Kleine Käfer und den Schmetterling auf die Blume kleben.

Blütenkinder

Material:
Holzperlen mit dem gewünschten Durchmesser (Kopf), verschiedene Stoffblüten (hier: Mohn, Kornblumen, Anemonen, China-Seidenröschen, alle aus dem Bastelbedarf), verschiedene Beerenblätter, Blütenstempel, Irisband, Schleifenband, Perlherzen, weiße Wachsperlen am Draht, Klebstoff, Filzstifte.

So wird's gemacht:
Zeichnen Sie die Gesichter auf die Holzperlen. Anschließend kleben Sie die Perlen mit Sekundenkleber auf die Unterseiten der einzelnen Blüten. Setzen Sie den Blumenkindern kleine Hüte auf, die ebenfalls aus Stoffblumen bestehen. Lassen Sie die Stiele stehen, das sieht sehr lustig aus. Nun werden die grünen Blätter als Flügel angeklebt. Die Ärmchen bestehen aus angedrahteten Wachsperlen. Zum Schluß die zusätzlichen Verzierungen aus Perlen, Schmetterlingen, glänzenden Bändern und vielem mehr anbringen.
Übrigens: Kramen Sie doch einfach mal in Ihrer Restekiste – da findet sich bestimmt noch viel Material, mit dem Sie die fröhlichen Blumenkinder schmücken können.

Kleine Mädchen

Material:
Holzkegel mit 50 mm Höhe, Leinenmanschetten mit 5,5 und 8,5 cm Breite, 11 cm breite Tüllmanschette, Beerenblätter, Puppenhaar, verschiedene Stoffblüten, Holzperlen, Bortenreste, Samtfaden, Filzstoffe, Klebstoff, Klarlack, Pinsel, Filzstifte.

So wird's gemacht:
Überziehen Sie die Holzperlenköpfe mit Klarlack. Anschließend malen Sie mit den Filzstiften die kleinen Gesichter auf. Für die Röckchen ziehen Sie die Plastikverstärkung auf der Unterseite der Leinenmanschette ab. Nun die Manschette aufschneiden und in Falten knicken. Dieses Röckchen um den Kegel kleben, dabei die Schnittkanten hinten etwa 0,5 cm übereinandersetzen. Kleben Sie jetzt das Puppenhaar auf. Eine Leinenmanschette für den Hut aufschneiden, in die gewünschte Form bringen und auf das Haar kleben. Zum Schluß verzieren Sie die Mädchen mit winzigen Blüten, Holzperlchen und Samtschleifen. Diese niedlichen kleinen Figuren eignen sich zum Dekorieren fröhlicher Tafeln oder, wenn sie angedrahtet werden, als Mittelpunkt für Blumensträuße.

Schöner Garten

Material:
1 kleiner Holzzaun, 1 Deko-Steckziegel, 1 Buchsranke, Plattenmoos, Dschungelgras in Maigrün, 6 Farnblätter, 5 Stiele Barbaragras in Maigrün, Linogras in Maigrün, 1 Rosenbusch, 4 Glokkenblumen, 2 Bund weißer Klee, 7 angedrahtete weiße Federn, 2 rosa Federfalter am Draht, 2 Gänse mit Schleifen, 1 m doppelseitiges Satinband in Zartrosa, Römerhaften (alles im Bastelbedarf, von Knorr), Klebstoff, Schere.

So wird's gemacht:
Zuerst halbieren Sie den Steckziegel und kleben ihn an den weißen Holzzaun. Dann decken Sie die seitlichen Flächen des Ziegels mit Plattenmoos ab und befestigen dieses mit den Römerhaften. Die fünf Stengel Barbaragras schneiden Sie vom Stiel ab, formen sie zu Schlaufen und gabeln sie an (siehe Seite 72). Die Buchsranke und der Rosenbusch werden in handliche kleine Stükke zerteilt. Anschließend stecken Sie das Arrangement nach Foto oder Ihren eigenen Vorstellungen fertig. Achten Sie jedoch darauf, ein wenig »Höhe« hineinzuarbeiten, denn das macht sich optisch sehr gut. Lassen Sie dafür einfach eine Rose den Zaun »hochranken«.

Blühende Wurzel

Material:
1 Schilfwurzel, 1 Deko-Steckziegel, 1 Stengel Wicke, ½ Stiel Statice, ½ Beutel Nigella, ½ grüner Blätterzweig, 2 angedrahtete kleine Schmetterlinge in Gelb, 70 cm Satinlitze in Flieder, Plattenmoos (alles im Bastelgeschäft erhältlich), Messer, Klebstoff, etwas Blumendraht.

So wird's gemacht:
Schneiden Sie sich einen Steckwürfel von 6 x 6 cm zu, und runden Sie die Ecken oben ab. Anschließend wird der Würfel auf eine möglichst glatte Fläche der Schilfwurzel geklebt. Decken Sie ihn ganz mit dem Plattenmoos ab. Die Wicke zerschneiden, die Statice ebenfalls in einzelne Blüten teilen und jeweils drei Blüten gabeln (siehe Seite 72). Stecken Sie zuerst den längeren Stiel ein, um die Höhe des Arrangements festzulegen. Dann arbeiten Sie sich nach unten vor. Halten Sie sich dabei an die Blütenanordnung des Fotos, oder entwickeln Sie eigene Vorstellungen. Sehr hübsch sieht es aus, wenn asymmetrisch gesteckt wird, das heißt, eine Seite ausladender wirkt als die andere. Die zur Schleife gebundene, angedrahtete Satinlitze zum Schluß einstecken.

Blumenkegel

Material:
1 Deko-Steckkegel, 1 grüner Efeuzweig, 1 ½ grüne Blätterzweige, 1 ½ Beutel Nigella, 1 ½ Stiele Statice, 3 Stengel Wicke, 4 Traubenreben, 1,20 m Satinband in Flieder, Schere, Messer, Klebstoff, Blumendraht.

So wird's gemacht:
Teilen Sie den Efeuzweig in einzelne Blätter, und drahten Sie diese paarweise kurz an. Dann teilen Sie den großen Stiel des Blätterzweiges ab und arbeiten später nur mit kleinen Verzweigungen. Die vier Traubenreben zerschneiden Sie jeweils in drei Teile und gabeln diese (siehe Seite 72). Auch die Wicke wird in einzelne Blüten zerteilt, die Sie andrahten. Das Laub der Wicke verteilen Sie anschließend auf drei Bündel und gabeln diese, die Laubenden mit der Schere einkräuseln. Auch die Staticen müssen in einzelne Blüten zerschnitten werden, wobei Sie wiederum jeweils drei Blüten gabeln. Die Nigella wird gestaffelt gesteckt. Beginnen Sie unten am Kegel mit dem Stecken. Arbeiten Sie sich in Runden hoch, wobei Sie den Kegel jeweils drehen. So behalten Sie eine gleichmäßige Oberfläche im Auge. Zum Schluß können Sie das Arrangement mit einer üppigen Schleife in einer passenden Farbe verzieren.

Wandkranz

Material:
1 Römer mit Plastikboden von 20 cm Durchmesser, 1 grüner Efeuzweig, 2 grüne Blätterzweige, 2 Beutel Nigella, 2 Stengel Staticen, 5 Stiele Wicke, 5 Traubenreben, 1,50 m Satinlitze in Flieder, Klebstoff, Schere, Blumendraht.

So wird's gemacht:
Bereiten Sie alle Blüten und Blätter zum Stecken vor: Schneiden Sie einzelne Blätter vom Efeuzweig ab, und drahten Sie diese paarweise an, oder gabeln Sie das Laub (siehe Seite 72). Auch die fünf Traubenreben werden in drei Teile geschnitten und gegabelt. Schneiden Sie anschließend kleine Blüten von der Wicke ab, und drahten Sie diese kurz an. Ebenso verfahren Sie mit der Statice. Zum Schluß die beiden Beutel Nigella ausschütten und nachsehen, ob die Blütenstielchen zum Einstecken ausreichend lang sind. Wenn nicht, die Nigella gestaffelt andrahten, das heißt, wählen Sie einmal kürzere und einmal längere Drahtenden aus. Nun beginnen Sie mit dem Stecken. Arbeiten Sie dabei von innen nach außen, damit Sie später nicht mit Ihrem Arm oder Ihren Händen die bereits gesteckten Blüten zerdrükken. Zum Schluß eine große Schleife binden und oben am Kranz befestigen. Hängen Sie ihn mit einem farblich passenden Band an die Wand.

Gefüllter Korb

Material:
1 Strohnest, 1 Steckkugel, Dschungelgras in Maigrün, 4 Stiele Rosen in Rot, 3 Stiele Glockenblumen, 1 Bund Schleierkraut in Flieder, Lepidium in Naturgrün, 1,30 m Glanzkordel in Rot, 1 m Satinlitze in Rot, Blumendraht, Klebstoff, Schere.

So wird's gemacht:
Schneiden Sie die Glanzkordel in zwei gleiche Teile, und befestigen Sie die vier Enden im Inneren des Körbchens. Verwenden Sie dafür Klebstoff oder Blumendraht. Anschließend halbieren Sie die Steckkugel und kleben eine Hälfte in den Korb. Dann bereiten Sie das Material zum Stecken vor: Zerteilen Sie die Rosen in kleine Büschel, und drahten Sie diese an. Ebenso verfahren Sie mit den anderen Blüten und dem Laub, sofern diesen ein genügend langer Stengel fehlt. Beginnen Sie mit dem Stecken in der Mitte, um die Höhe des Arrangements festzulegen. Dann arbeiten Sie sich zu den Rändern vor, wobei Sie den Korb drehen, um eine gleichmäßige Verteilung der Blüten zu erzielen. Binden Sie zum Schluß eine Schleife, und befestigen Sie diese am Körbchen.

Bunte Ampel

Material:
1 weißes Drahthaus, Deko-Steckziegel, 17 x 8 cm Alukrepp, 1/4 Efeuzweig, 3 Stiele Rosen in Rot, 1 Stiel Septemberkraut in Weiß, Dschungelgras in Maigrün, 1,20 m Band mit irisierendem Netz in Weiß, Schere, Messer, Klebstoff, Blumendraht (alles von Knorr; das Material bekommen Sie im Bastelgeschäft oder den entsprechenden Abteilungen der Kaufhäuser).

So wird's gemacht:
Schneiden Sie den Steckziegel auf 15 x 3 x 5 cm zurecht. Dann füllen Sie den Plastikeinsatz des Drahthauses mit der Steckmasse. Bekleben Sie es anschließend von außen mit dem Alukrepp. Nun beim Septemberkraut die einzelnen Blüten ausschneiden und zu viert oder zu fünft andrahten und gabeln (siehe Seite 72). Die einzelnen Rosenblüten ebenfalls aus dem Bukett trennen und separat verarbeiten. Stecken Sie die Blumen und Gräser nach dem Foto ein. Dabei beginnen Sie mit der längsten Rosenblüte in der Mitte, stecken dann Efeu und Dschungelgras ein und zum Schluß, verteilt, die restlichen Blumen. Eine große Schleife lockert das Bild zusätzlich auf. Das Haus am Wandhaken aufhängen.

Sommerwiese

Material:
1 weißer Holzzaun, 1 Deko-Steckziegel, 1 grüner Efeuzweig, 1 Stiel Tillandsie, Plattenmoos, Dschungelgras in Maigrün, Achillea in Maisgelb, 2 Bund Margeriten in Weiß, 2 Stiele Teufelskralle, 3 Stiele Klatschmohn, 1 Stiel Septemberkraut in Weiß, 4 Kornblumen, 12 Mohnkapseln, 4 Nigella, 5 Karibikblätter, 2 Isolepsis in Grün, 2 Kirschzweige (mit Kirschen), 3 Deko-Äpfel, 1 Beutel Minimohn, 1 Beutel Rauchweizen, 4 Palmblätter, 2 Kohlmeisen, 6 Marienkäfer, 2 Kohlweißlinge, Römerhaften, Schere, Messer, Blumendraht.

So wird's gemacht:
Zuerst halbieren Sie den Steckziegel und kleben ihn an den Zaun. Die seitlichen Flächen des Ziegels decken Sie gleichmäßig mit dem Plattenmoos ab, das mit den Römerhaften befestigt wird. Dann zerlegen Sie den Efeuzweig in große Einzelstücke. Die Tillandsienblätter werden an der Wurzel abgeschnitten, gebündelt und gegabelt (siehe Seite 72). Das Dschungelgras gabeln Sie ebenfalls in verschieden große Bündel. Nun stecken Sie zuerst den Rauchweizen parallel ein, wobei Sie die abgeschnittenen Enden mitverwenden können. Anschließend stecken Sie an den beiden äußeren Seiten Margeriten, in der Mitte eine lange Mohnblüte ein, um die Höhe festzulegen. Alle weiteren Materialien nach Foto dazwischen arrangieren. Zum Schluß vervollständigen Schmetterlinge, Meisen und Marienkäfer das Bild.

Ländliches Gesteck

Material:
1 Holzteller, 1 Deko-Steckziegel, Strohspitzen, 1 kleine Vogelscheuche, Mexicanafaden, Isolepsis in Oliv, 3 Stiele Rauchweizen, 20 g Dschungelgras in Maigrün, 3 Sesamgewürzkugeln, 1 Kornblumenbusch, 2 Stiele Klatschmohn, 1 Schneeball in Zitronengelb, 2 Margeriten, Büschelgras in Tannengrün, Schere, Blumendraht, Klebstoff.

So wird's gemacht:
Schneiden Sie den Steckziegel auf 10 x 10 cm zu. Die oberen Ecken leicht abrunden. Dann kleben Sie das Material auf den Holzteller. Anschließend die langen Weizenhalme in die Mitte der Masse stecken. So legen Sie die Höhe des Gestecks fest. Ebenso an den Seiten die Höhe und Breite bestimmen. Dann füllen Sie mit dem vorhandenen Material alle Lücken aus. Achten Sie dabei jedoch darauf, daß Sie den Holzteller immer drehen. Dann wird das Arrangement von allen Seiten gleichmäßig bedacht. Zum Schluß drahten Sie die kleine Vogelscheuche an und stecken sie vorne schräg in den Ziegel.

Sumpfidylle

Material:
1 Römer mit Plastikboden und 20 cm Durchmesser, 1 Efeuzweig in Grün, 1 Blätterzweig in Grün, Dschungelgras in Maigrün, Plattenmoos, Islandmoos in Lindgrün, 3 Stiele Dotterblumen, 1 Stiel Wasserrosen, Stipa Penata in Gelb, 12 Palmblätter, 5 Stiele Barbaragras in Maigrün, 1 Vogel am Lotoskopf, 2 Grillen, 2 Stiele Waldlabkraut, Römerhaften, Klebstoff, Schere, Blumendraht, Pappe.

So wird's gemacht:
Als Boden kleben Sie ein Stück Pappe auf die Unterseite des Römers. Decken Sie die auf dem Römer befindliche Steckmasse mit Plattenmoos, Islandmoos und Dschungelgras ab; lassen Sie dabei drei kleine Stellen für die Gestecke frei. Alles mit den Römerhaften befestigen. Nun zerschneiden Sie den Efeuzweig in größere Stücke und gabeln ihn (siehe Seite 72). Das Barbaragras und die Wedel zerschneiden, bündeln und gabeln. Einen Teil der Wedel können Sie zu Schlaufen zusammenbinden. Die Palmblätter sollten in unterschiedlich lange Stücke geschnitten und in die Masse gesteckt werden. Alle weiteren Lücken füllen Sie mit dem vorhandenen Material. Arbeiten Sie dabei nach der Fotovorlage oder eigenen Vorstellungen. Die Grillen und der Vogel werden zum Schluß in der Landschaft plaziert.

Wandgesteck

Material:
1 Korbscheibe, Liane, 1 Deko-Steckscheibe, Dschungelgras in Maigrün, Erikamoos in Tannengrün, Isolepsis in Oliv, Phalaris in Maigrün, Strohspitzen, 13 Minimagnolien in Rotorange, 1 Exotentraube, 7 Hagebutten, 14 Staticen in Maisgelb, 6 Ahornzweige, Blumendraht, 6 m Ripsband in Goldgelb, 2 Gartenrotschwänze, Schere, Klebstoff (alle Materialien hält der Bastelladen für Sie bereit, der sie auch nach dieser Liste für Sie bei Knorr bestellen kann).

So wird's gemacht:
Bringen Sie die Steckscheibe auf das Maß des Korbtellers, und kleben Sie diese darauf fest. Anschließend drahten Sie alle Blüten und Blätter möglichst lang an. Dafür sollten Sie die einzelnen Blätter von den dicken Plastikstielen trennen. Einige Blüten in kleinen Gruppen zusammenbinden. Stecken Sie das Material, in der Mitte beginnend, immer in Runden in die Masse ein. Drehen Sie dabei das Gesteck, um einen möglichst gleichmäßigen Eindruck zu erzielen. Zum Schluß die Ahornblätter abwechselnd mit Grasbündeln als »Halskrause « einarbeiten. Je nach Geschmack die kleinen Vögel und das Ripsband anbringen.

Steckhilfen

Hochzeit oder Silberhochzeit – dieses Ereignis stellt einen Höhepunkt im Leben dar und sollte entsprechend würdig begangen werden. Viel Mühe verwendet man dabei auf festliche Kleidung, gutes Essen und Trinken. Oft kommt der Blumenschmuck darüber zu kurz – nicht zuletzt, weil es schwierig erscheint, Blumen kunstvoll zu arrangieren. Wenn Sie jedoch bei der Ausstattung der Feierlichkeiten Seidenblumen verwenden, können Sie schon Tage vorher mit dem Stekken beginnen.

Basisaufbau für ein Gesteck im Topf oder in der Schale: Die Steckmasse sollte 1 – 2 cm über dem Gefäßrand enden. Die Ekken kappen, um die abzudekkende Fläche zu verkleinern und ein leichteres Einstecken zu ermöglichen. Der untere Aufbau sollte aus Blättern oder Moosen erfolgen.

Strauß auf einem Straußhalter: Den Straußhalter immer in eine feste Arbeitsgrundlage stecken. Zunächst die unteren Umrißformen, dann aus der Mitte die Höhe des Straußes festlegen. Die Blumen gezielt in den Straußhalter einbringen. Durch zu vieles Umstecken verlieren sie den Halt.

Kutschen- oder Autodekoration: Eine Fläche am Fahrzeug säubern. Gesteckhalter am Saugnapf anfeuchten, die Stöpsel ziehen und den Halter am Fahrzeug anbringen. Steckunterlage mit Buchsbaum abdecken. Anschließend Blüten abfließend und auf die Mitte zu anordnen.

Tips zum Binden

Wollen Sie ein möglichst schönes Ergebnis beim Binden Ihres Straußes oder Stecken des Arrangements erreichen, sollten Sie folgende Punkte beachten:

– Vor dem Verarbeiten der einzelnen Materialien bereits eine Vorauswahl treffen.

– Empfindliche, leicht brüchige oder schwachstielige Materialien sollten immer gegabelt oder lang angedrahtet werden.

– Blüten sollten nach »aktiven« und »passiven« Formen in die Gestaltung einbezogen werden. Aktive Formen sind aufstrebend wie Rittersporn und Fingerhut oder ausschwingend wie Glokkenblumen und tränendes Herz. Passive Formen sind rund wie Hortensien und Anemonen oder abfließend wie Efeu und Goldregen.

– Ordnen Sie helle Farben im oberen Bereich, dunkle Farben unten ein.

– Die Unterlage einer Girlande bildet entweder eine Kordel oder ein Draht. Blüten und Blätter stufig, abwechselnd und nicht zu dicht auf die Unterlage legen. Das Material dreimal mit Wickeldraht fest an die Unterlage binden.

Außer Blumen und Blättern können Sie auch diverse andere Dekorationen – vom Band bis zum Geldgeschenk – in ein Gesteck einarbeiten. Hierfür wird es angedrahtet:
30 cm Band, Tüll oder Geld an einem Ende zu einem Fächer falten. Stieldraht an einem Ende 2 cm umbiegen und damit den Gegenstand dreimal umwickeln.

Ein Strauß für die Braut

Material:
6 Anthurium-Blätter, 1 Efeuzweig, 2 Stiele blühender Buchsbaum, 6 Farnblätter, 2 Stiele Isolepsis in Grün, 2 Stiele Septemberkraut in Weiß, 1 Margeritenbund in Weiß, 12 rote Kirschen, 7 Beerenzweige in Rot, 1 Beutel Dschungelgras in Moosgrün, Blattmanschetten, 3 angedrahtete weiße Federn, 2 Porzellangänse, 10 Geldscheine, Blumendraht, Schere.

So wird's gemacht:
Falten Sie die Geldscheine zu kleinen Fächern, und drahten Sie diese lang an. Die Früchte und Blüten fassen Sie einzeln zu kleinen Büscheln zusammen, die Sie ebenfalls mit einem langen Draht versehen. Septemberkraut, Buchsbaum und Kirschen oder ähnliches zu kleinen Tuffs lang andrahten. Alle Materialien in Straußbinde-Technik (erste Blume schräg in die Hand einlegen, drehend weiterbinden) anlegen und mit einer Blattmanschette unterlegen. Übrigens: Wenn Sie den Strauß üppig mit weißem Tüll einfassen, sieht er aus, als schwebe er auf einer weißen Wolke.

Lustiger Tischschmuck

Material:
1 Korbscheibe mit 15 cm und 1 Deko-Steckkugel mit 10 cm Durchmesser, ½ Beutel Dschungelgras, 4 Farnblätter, 1 Efeuzweig, 2 Zweige blühender Buchsbaum, 1 Rosenbuschstiel, 5 Gypsophilia, 7 Maiglöckchen, 2 Isolepsis in Grün, 2 Marante-Pick, 3 Schmetterlinge in Rosa, 5 m Satinband in Rosa, evtl. Kinderschuhe und Sparbuch, Schere, Blumendraht.

So wird's gemacht:
Kleben Sie auf die flache Korbunterlage von 15 cm Durchmesser eine halbe Deko-Kugel von 10 cm Durchmesser. Legen Sie den Umriß des Gesteckes mit Blättern und Gräsern, die in den unteren Rand eingearbeitet werden, strahlenförmig fest. Die kugelförmige Mitte bestecken Sie anschließend mit Buchsbaum. Ein paar einzelne kleine Blüten zur Auflockerung einstecken. Lassen Sie zum Schluß die Schmetterlinge über dem Ganzen »schweben«. Fröhliche »Nekkereien« gibt es bestimmt, wenn Sie ein paar Babyschuhe und ein Sparbuch andrahten und in dem Gesteck plazieren.

Von guten Freunden

Material:
1 Nachttopf, 1 Kamm-Bürste-Garnitur, Baby-Creme, Puder, Öl, Rassel, weißes Papier, 2 Rundstäbe mit 5 mm Durchmesser, 1 m weißes Webband, 3 Lotusblätter mit 18 cm Durchmesser, 2 Efeuzweige in Grün-Weiß, 4 Seerosen, 3 Stiele Isolepsis in Grün, 1 Beutel Dschungelgras in Moosgrün, Deko-Steckmaterial, 1 stehender und 1 fliegender Storch, Blumendraht, Schere, Klebstoff.

So wird's gemacht:
Füllen Sie den Nachttopf mit der Deko-Steckmasse. Dann schneiden Sie Babywäsche aus weißem Papier aus, die Sie auf weißes Webband kleben und so als Wäscheleine vorbereiten. Diese an die Holzstäbe binden, dann die Stäbe schräg von außen nach innen in die Steckmasse einbringen, so daß oben Spannung entsteht. Dann formen Sie ein Storchennest aus dem Dschungelgras, setzen es auf den Wäschepfosten und kleben den Storch ein. Nun decken Sie den Topfrand mit Dschungelgras und den Lotosblättern ab. Das Babypflegeset in unterschiedlichen Längen andrahten und den Topf damit füllen. Die Zwischenräume füllen Sie einfach mit Blüten und Blättern der Seerose aus. Ein stehender Storch, beschirmt von einem hochgeklappten Lotosblatt, rundet das originelle Geschenk ab.

Anstecker für sie und ihn

Material:
1 Haarkämmchen oder Haarspange, 1 Sicherheitsnadel, 1 Silberschleife, Efeublätter, grüne Blätter, Spitzen von Silberzweigen (z.B. Farnspitzen), Silberperlen am Draht, schmales Silberband, Silberkordel, Klebstoff, silberne Ilexblätter (mit Beeren).

So wird's gemacht:
Haarschmuck für sie: Bekleben Sie zuerst den Rand des Kämmchens oder der Spange mit aufrecht stehenden Blättern. Anschließend kleben Sie kleine silberne Farnspitzen und Ilexblätter (mit Beeren) auf. Zum Schluß bringen Sie je nach persönlichen Vorstellungen Silberbandfäden, eine fertige Schleife und Silberkordel zur Verzierung an.
Anstecker für ihn: Kleben Sie grüne Blätter flach über die Nadellänge einer großen Sicherheitsnadel. Anschließend verzieren Sie ein Efeublatt sowie eine silberne Farnspitze mit einem Tuff Ilexbeeren oder Silberperlen.
Die gedrehte Silberkordel so aufkleben, daß sie schön nach unten fällt. Übrigens: Den Schmuck können Sie auch farblich auf Ihre Kleidung abgestimmt mit Blüten und Bändern verzieren.

Seidenbrosche

Material:
Schwarzes Top, Seidenrest in Weiß, je 1 Strang MEZ-Sticktwist in 2 Grüntönen (Nr. 227 und 238), 1 Sticknadel mit Spitze, kleine Sicherheitsnadel, Reihfaden, Schneiderkreidestift.

So wird's gemacht:
Je größer die Rose werden soll, desto breiter muß der Streifen Seidenstoff sein. Fertigen Sie also zuerst ein Muster aus einem anderen Rest, um die gewünschte Größe festzustellen. Falten Sie den Seidenstreifen der Länge nach zusammen und ziehen an der oberen Kante einen Reihfaden ein. Drehen Sie den leicht gekräuselten Streifen von der Schmalseite her zur Rose zusammen, und befestigen Sie diese mit einer kleinen Sicherheitsnadel zwischen den gestickten Blättern: Diese werden im ineinandergestochenen Plattstich in Grün ausgestickt. Zeichnen Sie sich die gewünschte Blattgröße und -zahl mit einem weißen Schneiderstift auf das Top.

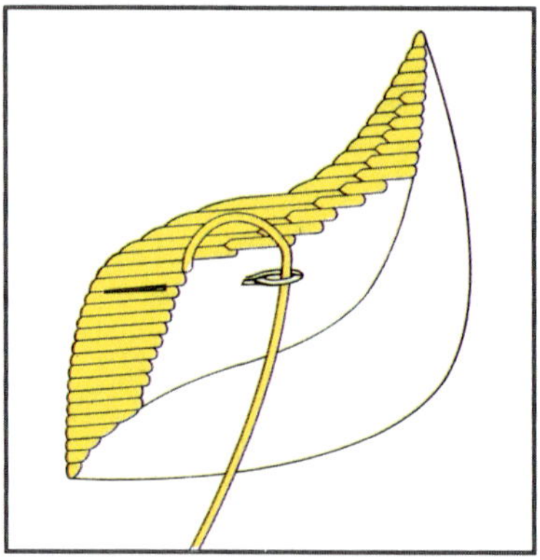

Im ersten Arbeitsgang stechen Sie entlang der gezeichneten Kontur des Motivs unregelmäßig kürzere und längere Plattstiche. Im nächsten Durchgang sticken Sie die Plattstiche zwischen die des ersten Arbeitsgangs.

Mohn zum Geburtstag

Material:
Filzreste in Rot, Blumendraht, kleine Holzperlen in Schwarz, Klebeband in Dunkelgrün, Krepppapier in Grün, Nadel, Nähgarn, Kohlepapier, Schere.

So wird's gemacht:
Übertragen Sie die beiden Mohnblattgrößen mit Hilfe von Kohlepapier auf den roten Filz. Die Zahl der Blütenblätter richtet sich nach der gewünschten Fülle der Blume. Anschließend fassen Sie mehrere Holzperlen mit einem Faden zu einem kleinen Tuff zusammen. Einen Blumendraht mit grünem Klebeband umwickeln, dabei die grünen Kreppblätter (Formen nach eigenen Vorstellungen) mit einwickeln. Nun befestigen Sie den Perlentuff am Blütenstiel. Zum Schluß die Filzblätter um die Holzperlen herum festnähen. Beginnen Sie mit den kleinsten Blättern innen, und gehen Sie dann weiter nach außen vor.

Hier sehen Sie, wie die Blütenblätter um die Holzperlen gelegt und festgenäht werden.

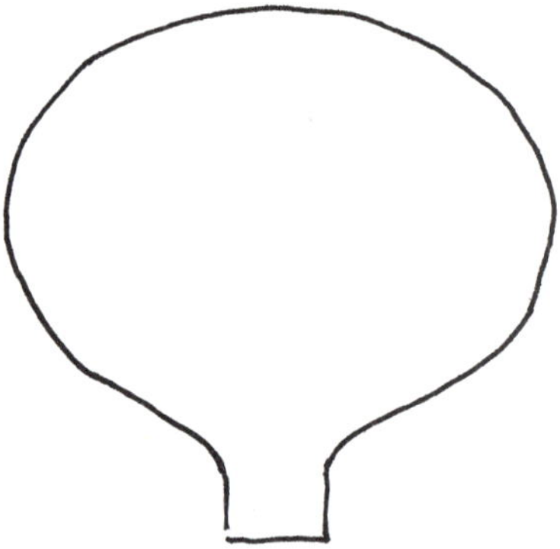

Zaubernelken

Material:
Tüll in Gelb, Blumendraht, Klebeband in Grün, Kreppapier in Grün, Nähgarn, Nadel, Schere, Bleistift, Zange.

So wird's gemacht:
Jede Nelke besteht aus mindestens fünf Tüllschichten. Schneiden Sie zuerst verschieden große Kreise aus dem Tüll. Das geht ganz einfach, wenn Sie Teller oder Tassen mit verschiedenen Durchmessern auf den Tüll setzen und einmal mit dem Bleistift umfahren. Dann legen Sie die Kreise übereinander, fassen sie von unten in der Mitte zusammen und fixieren diesen Punkt mit ein paar kleinen Nähstichen. Anschließend schneiden Sie die einzelnen Kreise bis kurz vor der Mitte ein, damit eine zarte, leicht fransige Optik entsteht. Präparieren Sie jetzt die Blumenstiele: Dafür schneiden Sie ein paar schmale Blätter aus dem grünen Kreppapier und bringen den Blumendraht auf die gewünschte, zur Vase passende Länge. Umwickeln Sie den Draht mit dem grünen Klebeband, wobei Sie am Stengel die Blätter und oben die Blüte fest mit einbinden.

Spitzenblüten

Material:
Reste von weißer Baumwollspitze, gelber Stoffrest, Watte, Blumendraht, farblich passendes Nähgarn, Schere, Klebeband in Grün, Zange.

So wird's gemacht:
Formen Sie aus der Watte kleine Kugeln. Diese Kugeln schlagen Sie so in gelben Stoff ein, daß von diesem unten noch gut 1 cm zum Anfassen übersteht. Den Umfang der Kugeln ausmessen und die Baumwollspitze eineinhalbmal so lang zuschneiden. Die Spitze auf den Kugelumfang einkräuseln und mit kleinen, unsichtbaren Stichen unten um den gelben »Stiel« nähen. Nun bereiten Sie den Stengel für eine mehrblütige Pflanze vor: Schneiden Sie dafür ein langes und mehrere kurze Stücke von dem Blumendraht ab. Umwickeln Sie alle kurzen Teile mit dem grünen Klebeband. Dann umwinden Sie das lange Stück, wobei Sie nach etwa der Hälfte anfangen, die kurzen Blumendrähte gleichmäßig verteilt mit einzuwickeln. Mehr als fünf Blüten sollten jedoch nicht pro Stengel gearbeitet werden, er sieht sonst schnell zu buschig aus. Zum Schluß fassen Sie die einzelnen Blüten unten ebenfalls mit dem Klebeband ein und befestigen sie an den oberen Stielenden, indem Sie das Klebeband um die Stiele wickeln.

Ein Biedermeierstrauß

Material:
Stoffreste in Uni und Bunt, Watte, Blumendraht, Kreppapier in Grün, Tortenspitze, Klebstoff, Schere, Klebeband in Grün.

So wird's gemacht:
Aus der Watte kleine Kugeln formen und in einem unifarbenen Stoffrest einschlagen. Die eingewickelte Kugel gut an einem langen Stück Blumendraht befestigen. Anschließend fertigen Sie die Blütenblätter wie folgt: Falten Sie ein Quadrat von etwa 10 x 10 cm zum Rechteck. Dann klappen Sie die beiden oberen Ecken nach unten zur Mitte der offenen Seite hin; ein gleichschenkliges Dreieck entsteht. Die Spitzen dieses Dreiecks klappen Sie nun zur Mitte hin übereinander (siehe Foto links). Pro Blume benötigen Sie vier solcher Blätter, die Sie mit einigen Nähstichen an der Kugel befestigen (rechtes Foto). Zum Schluß den Blütenstiel mit grünem Klebeband umwickeln. Wie die Rosen gemacht werden, sehen Sie auf Seite 66. Nun legen Sie einen etwa 1 m langen und 20 cm breiten Kreppstreifen der Länge nach doppelt, fassen die gewünschte Zahl Blüten an den Stielen zusammen und drapieren den Kreppstreifen als »Blattgrün« dazwischen; mit wenig Klebstoff fixieren. Zum Schluß schneiden Sie die Tortenspitze einmal bis zur Mitte ein, falten sie auf die benötigte Größe, winden sie um den Strauß und kleben die Seiten zusammen.

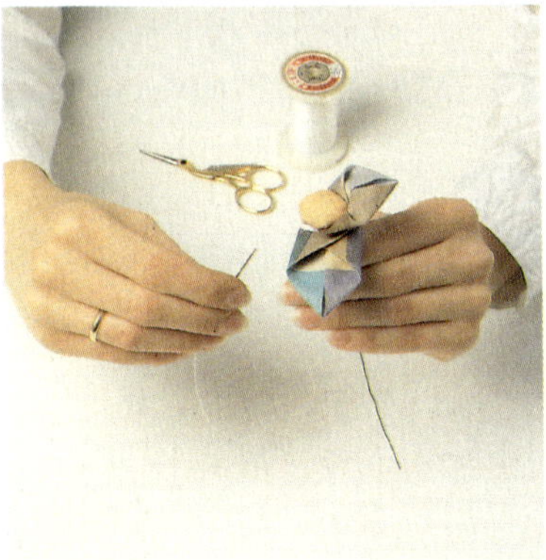

Traumhafte Rosen

Material:
Seidentaft in Gelb, Rundhölzer mit 5 mm Durchmesser, Klebeband in Grün, Bleistift, Schere.

So wird's gemacht:
Schneiden Sie einen 10 x 25 cm langen Streifen aus der Seide zu. Alle Kanten 1 cm nach links umbügeln, dann den Streifen der Länge nach doppelt legen. Nun legen Sie den Bleistift auf ein Schmalende des Streifens und rollen diesen möglichst eng zweimal um den Stift herum (Foto links). Dann den Bleistift aus der Rolle ziehen, diese in die linke Hand nehmen und den verbliebenen Streifen in kleinen Rüschen und Falten aufrollen. Die Längskanten sollten unten aufeinander liegen bleiben. Halten Sie die Blüte weiterhin fest in der linken Hand. Jetzt schieben Sie das Rundholz durch die Blüte, bis es nicht mehr zu sehen ist. Zum Schluß die Rosenblüte mit dem Klebeband umwickeln (Foto rechts), das Band weiter schräg um den Holzstab winden, bis dieser zu einem grünen »Stengel« wurde. In der gewünschten Höhe abschneiden. Da sich das Band nicht ganz gleichmäßig auf den Holzstab wickeln läßt, entsteht der Eindruck, als säßen Dornen am Stiel. Zusammen mit getrockneten Gräsern sehen diese Rosen sehr edel in der Vase aus.

Dekorblüten

Material:
Stoffreste in verschiedenen Farben, Schere, Nadel, passendes Nähgarn, evtl. kleine Perlen.

So wird's gemacht:
Jede Blüte besteht aus mindestens zehn Stofflagen. Schneiden Sie Quadrate von etwa 15 x 15 cm zu. Diese falten Sie in vier Schritten zu Dreiecken; die geschlossenen Kanten kommen immer auf die offenen. Schneiden Sie die obere schmale Seite so ab, daß ein rechter Winkel zur langen Seite entsteht. Nun kürzen Sie vier der Dreiecke jeweils um 1 cm mehr als das vorherige. Schneiden Sie diese Schmalseite jedes Dreiecks in Bogen aus. Stoff auseinanderfalten - Kreise mit Wellenkanten sind entstanden. Jetzt legen Sie die zehn Kreise so aufeinander, daß der größte unten, der kleinste oben liegt. Nähen Sie alle Stoffschichten in der Mitte mit wenigen kleinen Stichen zusammen. Sehr hübsch sieht es aus, wenn Sie dabei eine Perle miteinfassen: Stechen Sie die Nadel von unten nach oben in der Mitte durch die Blüte, fädeln Sie die Perle auf, und stechen Sie wieder nach unten. Gehen Sie noch zwei- oder dreimal durch die Perle, und vernähen Sie den Faden zum Schluß auf der Unterseite.

Blumen fürs Haar

Material:
Seidentaftreste in verschiedenen Mustern, farblich passendes Nähgarn, Nadel, Doppelklebeband oder Sekundenkleber, schwarze Haarspange, Schere.

So wird's gemacht:
Schneiden Sie zuerst einen Seidenstreifen von etwa 10 x 35 cm zu. Je länger und breiter der Streifen ist, desto größer wird die Blüte. Dann versäubern Sie alle Kanten. Die beiden Schmalseiten jeweils 1 cm nach links umbügeln. Dann legen Sie den Streifen der Länge nach doppelt und kräuseln ihn an der offenen Seite auf etwa 12 cm ein (siehe Foto unten). Diese Rüsche wird in sich zu einer Blume aufgedreht, die Sie auf der Unterseite mit ein paar kleinen Nähstichen fixieren. Die zwei anderen Blüten ebenso fertigen. Nun bekleben Sie die Haarspange mit dem Doppelklebeband und setzen die Blumen auf. Sie lassen sich ohne Probleme wieder von der Spange entfernen. So können Sie immer zu Ihrer Kleidung passende Blumen ins Haar stecken. Wollen Sie die Spange nicht verändern, können Sie die Stoffblüten auch mit Sekundenkleber darauf befestigen.

ROCHAS

Richtiges Andrahten

Haben Sie sich auch schon einmal gewünscht, zauberhafte Gestecke aus unvergänglichen Seidenblumen selber zu fertigen? Das ist gar nicht so schwer. Sie werden sehen, mit ein wenig Zeit, Fingerfertigkeit und Kreativität lassen sich Blütenträume, an denen Sie sehr lange Ihre Freude haben werden, schnell verwirklichen.

Schleifen (großes Foto): Legen Sie nicht zu große Schlaufen aus dem Band. Diese raffen Sie und halten sie mit Daumen und Zeigefinger zusammen. Nun geben Sie zwei Schlaufen dazu und winden den Stieldraht um die Mitte. Die Schlaufe nach oben, den Draht nach unten drücken und unterhalb der Schleife zusammendrehen.

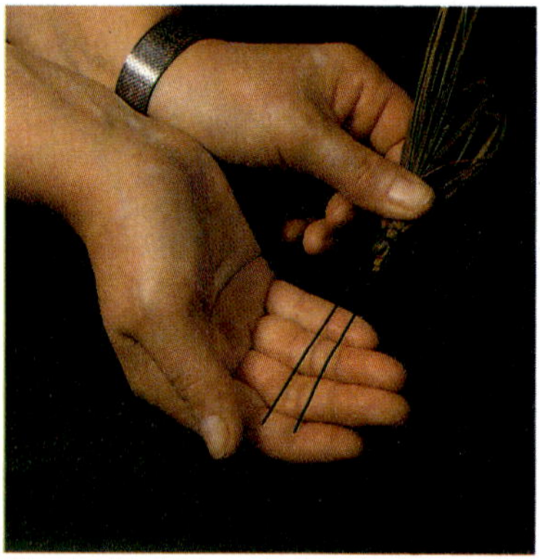

Langes Andrahten: Den Drahtstiel an einem Ende etwa 2 cm umbiegen. Den Bogen an die Blatt- oder Blütenstengel legen und mit dem langen Drahtende dreimal umwickeln. So können Sie auch kurze Blüten in einen Strauß einbinden.

Gabeldrahten: Den Stieldraht bei ⅓ der Länge quer zu den Stengelenden legen. Das längere Drahtende dreimal um das Material wickeln. Dann biegen Sie die Drahtenden zu einer Gabel zusammen. Diese wird bei gesteckten Arrangements verwendet.

Blüten und Ranken

Jede Blumenbinde- oder Steckarbeit erfordert einen soliden Grundaufbau. In diesem Teil stellen wir Ihnen festliche Gestecke für jede Gelegenheit vor, denen oft kleine Accessoires erst den richtigen Pfiff verleihen.

Ranken binden: Legen Sie Blüten oder Blätter mit den Stielenden dicht an einen langen Blumendraht. Den Draht und die Stengel umwickeln Sie nun mit grünem Kreppwickelband, das Sie im Blumenfachhandel erhalten. Verwenden Sie diese Ranken für abfließende Arbeiten; sie lockern Sträuße und feste Umrißformen auf.

Ankleben: Die Klebepistole macht manches floristisches Arbeiten erst möglich, denn häufig ist es wichtig, eine Basis aus Moos oder Blättern zu arbeiten. Das Material wird in kleinen Büscheln staffelförmig in der Hand angeordnet. Um eine gute Klebestelle zu haben, müssen die Stielenden gleichlang sein. Die Stielenden in den Klebstoff einbetten und direkt ankleben.

Zum Sektempfang

Material:
5 langstielige Blüten in Lila, 7 langstielige Rispenblüten in Weiß, Steckigel oder Steckmasse, 2 m Schleifenband in Lila, schwarze Vase.

So wird's gemacht:
Wenn Sie mit Steckmasse arbeiten, sollten Sie sich den Aufbau des Gesteckes genau überlegen, bevor Sie die Blumen einarbeiten. Es können nämlich schnell so große Löcher in der Masse entstehen, daß die Blüten keinen rechten Halt mehr finden. Legen Sie zuerst die Höhe des Arrangements mit der längsten Blume fest. Anschließend bestimmen Sie die unteren Umrisse, indem Sie einige kurze Blüten oder Blätter seitlich in das Steckmaterial oder den Igel drücken. Alle weiteren Blumen in schönen Abständen zueinander arrangieren. Zum Schluß setzen Sie das Gesteck vorsichtig in die schwarze Vase ein.
Übrigens: Drehen Sie die Vase einmal um sich selbst, um festzustellen, ob eventuell noch Lükken im Aufbau vorhanden sind. Diese schließen Sie mit einzelnen Blättern oder Blüten.

Hübsch gefüllter Weidenkorb

Material:
1 grob geflochtener Korb (Maße etwa 23 x 16 x 18 cm), ½ Deko-Steckziegel, 1 Beutel Dschungelgras in Moosgrün, 1 Beutel Isolepsis in Oliv, 1 Beutel Palmblatt, 1 Beutel Agrostis in Maigrün, 1 Efeuzweig, 1 Beutel Brizza-Maxima in Maigrün, 2 Beutel Broom Blooms in Gelb, 6 Bündel Federblumen in Gelb, 10 Federrispen in Gelb, 2 Flaumküken, 3 m Taftband in Maisgelb, 10 angedrahtete Federn in Gelb.

So wird's gemacht:
Füllen Sie den Weidenkorb zuerst mit der Steckmasse, die etwa 2 cm über den Rand hinausragen sollte. Die »Grundfläche« wird aus Buchsbaum, Broom Blooms, Brizza und Isolepsis gebildet, die Sie kurzstielig in die Masse eindrücken. Die Federn und die Federblumen stecken Sie anschließend kugelförmig in die Basis ein. Drehen Sie das Gesteck beim Arbeiten immer wieder, damit ein gleichmäßiges Bild entsteht. Teilen Sie den Efeuzweig in drei Stücke, die Sie gleichmäßig verteilt in Ihr Arrangement einbringen. Die kleinen gelben Flaumküken und eventuell eine üppig gebundene gelbe Schleife runden das Bild ab.

Dekorativer Fensterschmuck

Material:
1 ovaler Weidenkranz, 1 Beutel Isolepsis in Oliv, 1 Beutel Agrostis in Maigrün, 1 Beutel Brizza Maxima in Maisgelb, 1 Beutel Dschungelgras, 1 Beutel Broom Blooms in Gelb, 1 Efeuzweig, 2 Federblumen in Gelb, 4 Federrispen in Gelb, 4 angedrahtete Federn in Gelb, 2 Flaumküken, 2 m Taftband in Gelb, Klebepistole.

So wird's gemacht:
Dieser ovale Fensterkranz wurde in Klebetechnik gearbeitet (siehe Seite 74). Kleben Sie unten in und oben auf den Kranz eine Basis aus Dschungelgras, Broom Blooms und Brizza mit der Klebepistole fest. Die weiteren Materialien stufen Sie in sich ab und bringen sie dann in die vorbereiteten Flächen ein. Anschließend binden Sie lange Gräser vorsichtig, so daß sie nicht brechen können, zur Schleife, welche Sie oben am Arrangement befestigen. Zum Schluß den Schmuck mit einer großen Schleife versehen und mit einem hübschen Band im Fenster oder in einem Türrahmen aufhängen.

Hübscher Neststrauch

Material:
1 gewellter Drahtring von 20 cm Durchmesser, 1 Lotosblatt mit 30 cm Durchmesser, 1 Beutel Isolepsis in Oliv, 1 Beutel Palmblätter, 1 Beutel Barbaragras in Maigrün, 1 Beutel Agrostis in Maigrün, 1 Beutel Islandmoos in Moosgrün, 4 Beutel Dschungelgras in Moosgrün, 3 Stiele Waldlabkraut, 4 Bund weißer Klee, 8 Strohblumen in Weiß, 2 Schmetterlinge in Weiß-Grün, Blumendraht, Schere.

So wird's gemacht:
Wulsten Sie zuerst den Drahtring mit dem Dschungelgras so aus, daß ein Nest entsteht. Nun zwei Blumendrahtstücke als Halterung einander gegenüberliegend am Ring befestigen. Dschungelgras, Islandmoos und Klee zu kleinen Tuffs andrahten. Dann umwickeln Sie das Barbaragras in seiner ganzen Länge mit Draht, biegen es zur Schlaufe und drahten diese an. Palmblätter und Lianen zu Schlaufen verarbeiten und andrahten. Mit dem Material einen runden Strauß binden. Den Strauß in das Nest stecken und die Drähte zur Bindestelle führen. Zum Schluß unterlegen Sie das Ganze mit einem Lotosblatt.

Effektvoller Strauß

Material:
1 Beutel Buchsbaum in Tannengrün, 1 Beutel Isolepsis in Oliv, 1 Beutel Linogras in Maigrün, 2 Beutel Brizza Maxima in Pink, 2 Beutel Glixia in Altrosa, 2 Beutel Broom Blooms in Rosa, 10 Stiele Schleierkraut, 15 Pfirsichzweige, Blumendraht, Schere.

So wird's gemacht:
Zunächst arbeiten Sie aus den Pfirsichzweigen fünf Blütenranken in unterschiedlichen Längen. Den Rest der Blüten und Blätter drahten Sie an. Binden Sie nun einen Strauß, der zu einer Seite hin abfällt (siehe Foto): Dazu halten Sie einen Pfirsichzweig im Winkel von 45 Grad schräg und legen darum aus Gras und Moos eine Basis. Die Schrägung behalten Sie beim Binden bei. Isolepsis bildet den Abschluß Ihres Arrangements. Übrigens: Sehr hübsche Effekte erzielen Sie, wenn Sie farblich passende Schleifen andrahten und mit in den Strauß einarbeiten. Dieses Bukett behält lange seine Farbe, wenn Sie es regelmäßig mit einem Wedel entstauben.

Lichterbukett

Material:
1 Lichterkette mit kleinen Kerzen, 3 Bund Brokatrosen in Gold, 5 Tannenspitzen, 2 Tannenzweige, 3 Goldzweige, 5 Glastropfen, 7 Federschmetterlinge in Weiß, 8 m Goldborte, 5 m Schnur mit Drahteinlage in Gold, 5 Stiele durchbrochenes Goldblatt, Bleistift, Kreppband, Klebstoff.

So wird's gemacht:
Drahten Sie die Tannenspitzen und Blätter lang an. Den Goldzweig verarbeiten Sie so, wie er ist. Die Brokatrosen bündeln Sie zu je fünf Stück, von der Lichterkette fassen Sie immer zwei Kerzchen, die Sie zusammen andrahten. Aus der Goldborte eine üppige Schleife arbeiten. Wikkeln Sie bei der Goldschnur mit Drahteinlage in gleichmäßigen Abständen zueinander kleine Spiralen über einem Bleistift. Für die Glastropfen umwickeln Sie mit Kreppband Draht, dessen Ende zu einem kleinen Bogen umgebogen wird und gegen den Sie den Tropfen kleben. Arbeiten Sie beim Binden der Materialien eine kleine Kuppe heraus. Dann halbieren Sie die Tannenzweige und drahten sie ebenfalls an. Der äußere Abschluß wird aus diesen Tannen gebildet. Die Drahtspiralen dekorativ über dem Strauß verteilen und zum Schluß die kleinen Schmetterlinge einstecken.

Tischdekoration

Material:
1 Holzteller, 1 Deko-Steckziegel, 1 Tannenzweig, 1 Buchsbaumzweig, 2 Geschenkpäckchen, 1 Weihnachtssäckchen, 5 Zimtstangen, Golddraht, 1 Notenbuch, Messingdraht, 4 Kirschblätter, 1 Christrose (2 Blüten) in Weiß, Ilexbeeren in Gold, Dschungelgras in Maigrün, 140 cm Webband in Bordeaux, Stieldraht, Wickeldraht in Moosgrün, Schere, Klebstoff.

So wird's gemacht:
Kleben Sie zuerst die Steckmasse auf den Holzteller, dann runden Sie die Ecken leicht ab, um die zu besteckende Fläche zu verkleinern. Außerdem läßt sich mit runden Kanten leichter arbeiten als mit eckigen. Die Basis wird aus Tannenspitzen und Buchsbaumstücken gearbeitet. Dann drahten Sie das Liederbuch, die Zimtstangen und Schleifen an. Die Christrosen teilen Sie auseinander, sie werden ebenfalls angedrahtet. Dieses Material möglichst flächig in das Gesteck einbringen: Dafür sollten die Drahtenden nicht zu lang sein und schräg in die Masse gesteckt werden. Zum Schluß eine Schleife binden, andrahten und anbringen. Je nach Geschmack goldenen Schmuckdraht um das Gebilde winden.

Weihnachtlicher Liegestrauß

Material:
1 Tannenzweig, Kreppwickelband in Oliv, 1 Zierschleife in Gold, Ilexbeeren in Gold, 1 Christrose (mit 3 Blüten) in Weiß, 4 Zimtstangen, Messingdraht, Blumenstieldraht, Wickeldraht in Moosgrün, Schere, Klebstoff.

So wird's gemacht:
Teilen Sie die Zimtstangen in etwa 10 cm lange Stücke, bündeln Sie diese, und umwickeln Sie jedes Bündel in der Mitte dicht mit Messingdraht. Dann teilen Sie die Christrosen in einzelne Blüten, welche Sie andrahten. Ebenso werden die Zimtbündel, die Goldschleife und alle Ilexbeeren angedrahtet. Auf einem schön verzweigten, flachen Tannenzweig die Christrosen und das übrige Material abgestuft mit den Drahtenden anbinden. Achten Sie dabei auf ein ausgewogenes Erscheinungsbild. Sie können nach Geschmack noch einzelne Efeublätter einarbeiten. Zum Schluß schneiden Sie alle Stielenden auf die gleiche Länge und umwickeln sie mit dem grünen Kreppband.

Gesteck mit Rosen

Material:
20 cm naturfarbenes Weidenrost, 1 Weidenring in Natur, 100 x 11 cm Dekokrepp in Kupfer, 1 Deko-Steckscheibe, 1,50 m Sternengirlande in Kupfer, 2 Tannenzweige, 1 Buchsbaumzweig, 3 Polyantharosen (mehrköpfig) in Kupfer, 1 Moosrose in Kupfer, Liane, 7 Zimtstangen, 1 Kerze in Kupfer, 9 Kirschblätter, Kupferdraht, 8 Deko-Äpfel, Plattenmoos, Dschungelgras in Maigrün, 2,10 m Glimmerband, Stieldraht, Wickeldraht in Moosgrün, Römerhaften, Schere.

So wird's gemacht:
Befestigen Sie zuerst die Steckscheibe auf dem Weidenring, dann beides zusammen auf dem Weidenrost. Anschließend binden Sie aus dem Dekokrepp eine großzügige Schleife, die Sie lang andrahten. Die Rosen kürzen und ebenfalls andrahten. Ebenso mit den Zimtstangen, den Äpfeln und allen Blättern verfahren. Anschließend arbeiten Sie den Untergrund aus Moos und Gras auf der Steckscheibe. Lassen Sie in der Mitte ein wenig Platz für die Kerze, welche Sie einfach aufwachsen. Rund um die Kerze stecken Sie das angedrahtete Material nach Foto oder eigenen Vorstellungen ein. Drehen Sie das weihnachtliche Gesteck einmal um sich selbst, um eventuell noch vorhandene Lücken zu entdecken. Diese schließen Sie mit kleinen Zweigen von Buchsbaum oder Tanne. Zum Schluß geben Sie in großen Wellen geschwungenen Messingdraht über Ihr Arrangement.

Inhaltsverzeichnis